Der Herr ist mein Hirte
Psalm 23

Bibelcapitel für Kinder

Der Herr ist mein Hirte. Er liebt mich und gibt mir was ich brauche.

*Der Herr ist mein Hirte;
mir wird nichts mangeln.* (vers 1)

Er führt mich dorthin, wo ich ungestört sein kann.

und führt mich zum frischen Wasser. (vers 2b)

Er gibt mir Mut und Kraft;

Er erquickt meine Seele; (vers 3a)

Er hilft mir das Richtige zu tun.
So sehen andere, wie gut der Herr ist.

*er führt mich auf rechter Straße
um seines Namens willen.* (vers 3b)

Sogar wenn es dunkel und unheimlich ist,

Und wenn ich auch wandere im finstern Tal, (vers 4a)

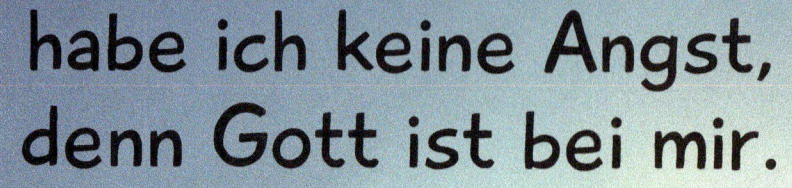

habe ich keine Angst,
denn Gott ist bei mir.

Er beschützt mich
und gibt mir Trost.

dein Stecken und dein Stab
trösten mich. (vers 4c)

Gott ist so gut zu mir. Er segnet mich im Überfluss.

Du salbst mein Haupt mit Öl und schenkst mir voll ein. (vers 5b)

Seine Güte und Liebe sind immer für mich da.

Gutes und Barmherzigkeit werden mir folgen mein Leben lang, (vers 6a)

Ich werde ewig mit ihm leben, hier auf Erden und im Himmel.

und ich werde bleiben im Hause des Herrn immerdar. *(vers 6b)*

Hilf dem Hirten sein verlorenes Schaf zu finden.

Nimm diese Bilder und erzähle, wie der gute Hirte sich um seine Schafe kümmert.

Auf welchen Seiten findest du diese Bilder?

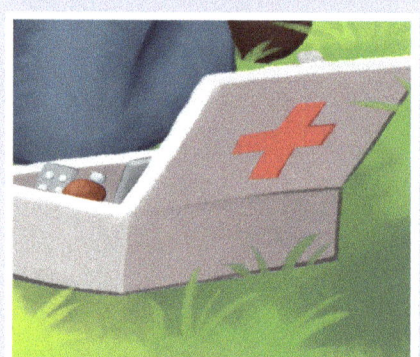

Finde die acht Unterschiede.

Der Herr ist mein Hirte; mir wird nichts mangeln.
Er weidet mich auf grüner Aue
und führt mich zum frischen Wasser.
Er erquickt meine Seele;
er führt mich auf rechter Straße um seines Namens willen.
Und wenn ich auch wandere im finstern Tal,
fürchte ich kein Unglück; denn du bist bei mir,
dein Stecken und dein Stab trösten mich.
Du bereitest vor mir einen Tisch im Angesicht meiner Feinde.
Du salbst mein Haupt mit Öl und schenkst mir voll ein.
Gutes und Barmherzigkeit werden mir folgen
mein Leben lang,
und ich werde bleiben im Hause des Herrn immerdar.

Herausgegeben von iCharacter Limited. (Irland)
www.iCharacter.eu
Von Agnes de Bezenac
Illustriert von Agnes de Bezenac
Koloriert von Henny Y.
Copyright 2016. Alle Rechte vorbehalten.
Nach der Luther-Übersetzung von 1912
Aus dem Englischen von Inge Gowans

Copyright © von iCharacter Limited. Alle Rechte vorbehalten; kein Teil dieses Buchs darf in irgendeiner Form ohne vorherige schriftliche Genehmigung des Herausgebers oder des Autors reproduziert oder unter Verwendung elektronischer Systeme verarbeitet, vervielfältigt oder verbreitet werden. Nur für Rezensionen dürfen kurze Ausschnitte in entsprechenden kritischen Berichten verwendet werden.

Weitere Titel

Besuchen Sie uns online auf
www.iCharacter.org

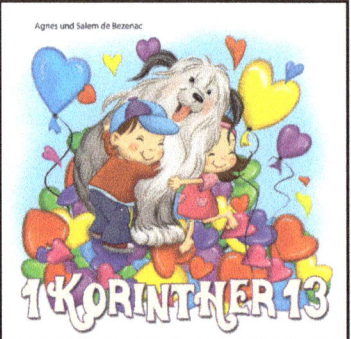

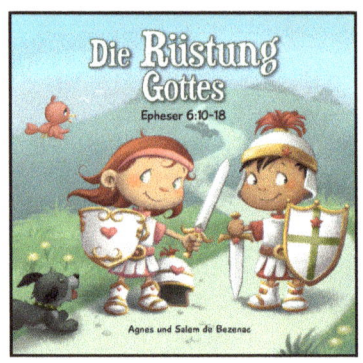
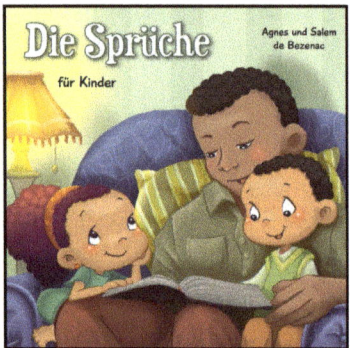